AF299577

LA SOCIÉTÉ

DES

AMBULANCES URBAINES

DE BORDEAUX

SON ORGANISATION ET SON FONCTIONNEMENT

PAR

Le Docteur E. MAURIAC

SECRÉTAIRE GÉNÉRAL FONDATEUR

BORDEAUX

IMPRIMERIE G. GOUNOUILHOU

11 — RUE GUIRAUDE — 11

1890

SOCIÉTÉ DES AMBULANCES URBAINES
DE BORDEAUX

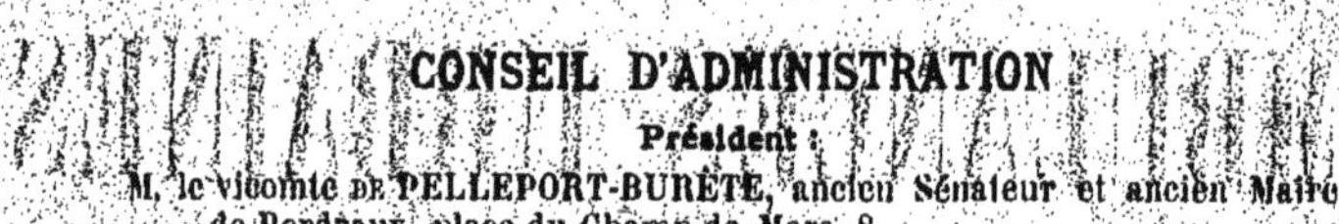

CONSEIL D'ADMINISTRATION

Président :

M. le vicomte DE PELLEPORT-BURÉTE, ancien Sénateur et ancien Maire de Bordeaux, place du Champ-de-Mars, 8.

Vice-Présidents :

M. le Dr LANELONGUE, professeur de clinique chirurgicale à la Faculté de médecine, 24, rue du Temple.

M. Fernand SAMAZEUILH, banquier, membre de la Commission administrative du Bureau de bienfaisance, 6, cours du Jardin-Public.

Secrétaire général :

M. le Dr E. MAURIAC, inspecteur général de la Salubrité, membre du Conseil central d'hygiène de la Gironde, 16, rue du Palais-Gallien.

Secrétaire :

M. le Dr MAURICE DENUCÉ, professeur agrégé à la Faculté de médecine, chirurgien des hôpitaux, 47, cours du Pavé-des-Chartrons.

Trésorier :

M. Ulysse SOULA, banquier, 13, place de la Bourse.

Commissaire des dépenses :

M. Henri LAUSSUCQ, directeur de l'Octroi de Bordeaux, 71, rue du Loup.

Membres :

MM.

BORDE (Ch.), d.-m.

CARLES (P.), d.-m., pharmacien.

COUNORD (E.), industriel, conseiller général.

CRUSE (E.), négociant.

DANEY (A.), conseiller municipal, ancien Maire de Bordeaux.

DAVID (Gaston), avocat.

DEMONS (A.), professeur à la Faculté de médecine.

DUDON (E.), chirurgien de l'hôpital Saint-André.

FLEURY (Th.), directeur de l'huilerie Maurel et Prom et Maurel frères.

GADEN (Ch.), négociant, conseiller municipal.

GOUNOUILHOU (G.), imprimeur.

GUESTIER (D.) fils, négociant.

JOHNSTON (H.), négociant.

MM.

KELLERMANN, direct. des douanes.

LANDE (L.), médecin de l'hôpital Saint-André.

LANGLOIS (Th.), directeur de la Société Dyle et Bacalan.

LE ROY (E.), négociant-armateur.

MORACHE (G.), directeur du Service de Santé du 18e corps d'armée, profess. à la Faculté de médecine.

PERRENS, pharmacien en chef des hôpitaux, adjoint au Maire, professeur à la Faculté de médecine.

RAYMOND fils aîné, pharmacien.

SOYE (A.), ingénieur des arts et manufactures.

VITAL (L.), ingénieur en chef des mines.

VOLONTAT (R. de), ingénieur des ponts et chaussées.

LA SOCIÉTÉ

DES

AMBULANCES URBAINES

DE BORDEAUX

SON ORGANISATION ET SON FONCTIONNEMENT

I. *But de la Société.* — La Société des Ambulances urbaines de Bordeaux a pour objet :

1º De donner les premiers soins, dans le plus bref délai possible, aux blessés de la rue et des ateliers, aux noyés et aux asphyxiés, ainsi qu'aux personnes atteintes d'indisposition subite sur la voie publique.

Des postes de secours, desservis par un personnel médical et munis de tous les objets de pansement nécessaires, seront établis à cet effet sur différents points de la ville et en premier lieu sur la ligne des quais.

2º De transporter gratuitement, soit à l'hôpital, soit à domicile, les malades et blessés qui auront reçu les premiers soins dans ces postes et qui ne seront pas en état de marcher.

3º De répandre le plus possible dans le public des notions simples et pratiques sur les premiers soins à donner en cas d'accidents ou d'indispositions subites.

Pour atteindre ce but, la Société organisera chaque année un certain nombre de conférences et de leçons publiques, suivies d'exercices pratiques.

En cas de guerre, d'épidémies ou de désastres publics, elle pourra offrir son concours aux autorités compétentes.

II. *Son utilité*. — Avant d'entrer dans les détails de l'organisation et du fonctionnement de la nouvelle Société, il convient de démontrer son utilité.

Nous nous appuierons pour faire cette démonstration : 1° sur la statistique des accidents à Bordeaux ; 2° sur les résultats obtenus dans d'autres villes par des Sociétés analogues.

Peu de personnes se font une idée exacte du nombre considérable d'accidents qui se produisent journellement dans une grande ville comme Bordeaux. Cette statistique n'a jamais été faite, mais il est possible d'arriver à une évaluation approximative en se basant, d'une part sur le nombre des décès occasionnés annuellement par des accidents et, d'autre part, sur les moyennes de mortalité relevées par les Compagnies d'assurances contre les accidents.

La statistique municipale nous apprend que les accidents occasionnent annuellement à Bordeaux 108 décès, chiffre moyen des six dernières années (1884 à 1889 inclusivement), ce qui représente 9 morts accidentelles par mois, soit à peu près une mort accidentelle tous les trois jours.

Or, il s'agit de savoir à combien d'accidents correspondent ces 108 décès.

La réponse à cette question va nous être fournie par les statistiques des Compagnies d'assurances.

Pendant l'année 1888, 18,279 accidents ont été déclarés à la Compagnie *Zurich*, dont j'ai l'honneur d'être le médecin ; sur ce nombre, il y a eu 184 cas de mort, soit 10 décès pour 1,000 accidents, en chiffres ronds.

En acceptant cette moyenne, les 108 décès annuels relevés à Bordeaux représenteraient donc 10,800 accidents, soit 900 accidents par mois ou 30 accidents par jour en moyenne. Ces chiffres n'ont rien d'exagéré ; ils seraient au contraire de beaucoup au-dessous de la réalité, d'après notre statistique personnelle qui a l'avantage de ne comprendre que des accidents observés à Bordeaux.

Sur 2,500 cas constatés par nous, il y a eu seulement 12 décès, soit 5 décès environ pour 1,000 accidents: ce qui représenterait, pour les 108 décès annuels de Bordeaux, 21,600 accidents, soit 1,800 accidents par mois, ou 60 par jour, chiffre qui n'a rien d'excessif pour une population de 250,000 habitants.

Il convient d'ailleurs de faire remarquer que les accidents de toutes sortes sont comptés dans ces statistiques et que les blessures légères (mais entraînant cependant une incapacité de travail de plus de cinq jours) y figurent fort heureusement pour une large part; c'est ainsi que sur les 18,279 accidents déclarés en une seule année à la Compagnie *Zurich* et ayant entraîné 184 décès, il n'y a eu que 458 cas d'infirmités permanentes.

Quoi qu'il en soit, cette moyenne de 5 décès pour 1,000 accidents nous paraît être celle qui se rapproche le plus de la réalité dans le milieu où nous vivons, c'est à dire dans une ville qui compte un très petit nombre de grandes fabriques et où les travaux dangereux sont relativement rares. Il est évident que dans les grands centres industriels, la mortalité par accidents doit être beaucoup plus élevée.

Nous considérons donc nos évaluations, en ce qui concerne Bordeaux, comme approximativement exactes et nous en tirons la conclusion que le nombre des accidents de toutes sortes qui se produisent journellement dans notre ville, soit sur la voie publique, soit sur le fleuve, soit dans les ateliers ou à l'intérieur des habitations, ne doit pas être inférieur à 60, chiffre plus que suffisant pour justifier la création d'une Société d'Ambulances urbaines.

Nous trouvons une autre preuve convaincante de l'utilité de cette création dans le fonctionnement des Sociétés analogues qui existent ailleurs, dans les heureux résultats qu'elles ont obtenus et dans l'accueil sympathique qui leur a été fait par les populations.

En moins de trois ans, la Société samaritaine de Leipzig a donné les premiers soins dans ses deux postes de secours à 6,600 blessés ou malades atteints d'indispositions subites sur la voie publique.

La Société de Vienne, pendant les sept premières années de son existence, c'est à dire du 1er janvier 1882 au 1er janvier 1889, a donné les premiers soins dans 9,831 accidents de tous genres (maladies subites ou blessures); de plus, elle a transporté, soit dans les hôpitaux, soit à domicile, 13,969 malades ou blessés et a organisé 1,095 fois des ambulances volantes qui se sont rendues sur les lieux des sinistres.

La Société de Budapest, qui ne possède qu'un poste unique, est intervenue utilement pendant les vingt premiers mois de son existence (de mai 1887 au 31 décembre 1888) dans 7,945 accidents. *La moyenne des accidents soignés dans ce poste a été de 14 environ par jour.* Cette même Société a transporté 692 malades en 1887 et 908 pendant le 1er semestre de 1888.

À Paris, la Société des Ambulances urbaines, fondée par le Dr Nachtel le 1er juin 1888, ne possède encore qu'un poste central de secours situé dans les dépendances de l'hôpital Saint-Louis et ne dessert qu'une zone assez limitée de la capitale, un cinquième environ. Dans ce poste se tient en permanence un externe de garde qui se transporte à toute réquisition sur le lieu même de l'accident. Pendant la première année d'exercice de cette Société, c'est à dire du 1er juin 1888 au 1er juin 1889, le personnel des Ambulances urbaines a donné les premiers soins à 2,688 blessés ou malades, qui ont été transportés ensuite soit à l'hôpital, soit à domicile. Ajoutons que, grâce aux secours immédiats donnés par cette Société, plusieurs personnes ont pu être arrachées à une mort imminente, notamment dans les incendies des abattoirs de la Villette, du Théâtre lyrique et de l'Opéra comique.

Les heureux résultats obtenus par les Sociétés de secours en cas d'accidents partout où elles ont été organisées, la rapidité avec laquelle elles grandissent et se développent, l'accueil favorable qui leur a été fait par les populations et par les pouvoirs publics démontrent surabondamment leur utilité et prouvent qu'elles répondent à un besoin réel.

L'Académie de Médecine, le Conseil d'Hygiène et de Salubrité de la Seine, le Conseil municipal de Paris ont approuvé l'institution des Ambulances urbaines et ont à plusieurs reprises émis des vœux pour que des ambulances analogues à celles qui fonctionnent depuis près de vingt ans à New-York soient établies à Paris. Mais il y a loin en France de l'émission d'un vœu à sa réalisation et il est plus que probable que, sans l'intervention de l'initiative privée, Paris serait encore dépourvu de ce rouage essentiel d'assistance qui fonctionne déjà depuis plusieurs années et avec le plus grand succès dans la plupart des grandes villes de l'étranger. Il convient d'ailleurs de faire remarquer que toutes les Sociétés de secours publics en cas d'accidents dont nous avons parlé plus haut sont dues à l'initiative privée.

Nous avons voulu que la Société des Ambulances urbaines de Bordeaux eût la même origine et cela pour les motifs suivants :

D'abord, il est à peu près certain qu'en l'état actuel de notre budget municipal, l'Administration, tout en accueillant favorablement notre vœu, en aurait retardé pour longtemps encore la réalisation.

En second lieu, nous devons déclarer que nous sommes un partisan convaincu de l'initiative privée en matière d'asssistance ; ce que nous avons vu à cet égard dans nos voyages en pays étranger n'a fait que nous confirmer dans cette opinion.

Nous avons en France la fâcheuse tendance de tout demander à l'État et aux Municipalités. Or, il importe de réagir contre cette tendance vers un véritable socialisme d'État qui a pour conséquence l'augmentation sans cesse croissante du nombre des fonctionnaires, la complication des rouages administratifs, les emprunts et les impôts nouveaux, qui paralyse les efforts individuels, développe les sentiments égoïstes et fait qu'en somme on en arrive à se désintéresser des œuvres philanthropiques en se persuadant que l'État et les Municipalités ont le devoir de faire face à toutes les misères, à tous les besoins et à toutes les exigences de la collectivité.

J'ai hâte d'ajouter que si ce reproche peut être adressé d'une manière générale à notre pays, il est cependant des villes, et Bordeaux est de ce nombre, où les sentiments généreux dominent encore et où la charité privée a su et sait toujours accomplir de grandes choses.

Tels sont les motifs qui nous ont déterminé à faire directement appel à la générosité du public pour organiser à Bordeaux l'Œuvre des Ambulances urbaines.

III. *État actuel des moyens de secours.* — Un rapide coup d'œil jeté sur l'état actuel des moyens de secours en cas d'accidents, dans notre ville, montrera combien ces moyens sont insuffisants et défectueux.

A Bordeaux, comme à peu près partout en France, dès qu'un accident arrive, on a l'habitude de recourir aux pharmaciens. Or, les pharmaciens en général ne sont aucunement préparés pour faire cette chirurgie d'urgence (ceci soit dit sans chercher à diminuer en rien leur mérite et sans méconnaître le dévouement empressé dont ils font toujours preuve à l'égard des blessés qu'on conduit dans leurs officines). Ils appliquent du perchlorure de fer sur les plaies saignantes, des bandelettes de toile-dieu sur les plaies contuses et j'ajoute qu'ils ne prennent habituellement aucune précaution antiseptique, de telle sorte que des plaies qui n'auraient pas dû suppurer suppurent et mettent quatre fois plus de temps à guérir. En présence d'une hémorragie artérielle, ils sont impuissants à l'arrêter, personne ne leur ayant appris à appliquer selon les règles un lien constricteur au-dessus de la plaie, et, si l'hémorragie est trop abondante, le malade succombe avant l'arrivée du médecin.

Quand il s'agit d'autres blessures graves, de fractures des membres inférieurs, par exemple, on a presque toujours les plus grandes difficultés à se procurer les moyens de transport du blessé à l'hôpital ou à son domicile. On ne sait le plus souvent où aller chercher un brancard. Il en existe bien un dans chaque arrondissement de police et dans les quelques pharmacies des quais où ont été déposées les boîtes fumigatoires municipales pour rappeler les noyés à la vie. Mais le public ignore l'existence de ces dépôts et, d'ailleurs, le brancard une fois trouvé, il faut se mettre à la recherche des brancardiers, ce qui n'est pas toujours chose facile. Le plus souvent, à défaut de brancard ou de brancardiers, on hisse le blessé dans un fiacre, sans prendre aucune précaution pour immobiliser le membre fracturé et il en résulte des souffrances atroces pour le malheureux patient. On a même vu, dans certains cas, les cahots du véhicule transformer une fracture simple en fracture compliquée avec plaie et hémorragie, sans compter d'autres accidents.

Les noyés sont aussi mal secourus que les blessés de la rue et des ateliers. On sait que les accidents d'asphyxie par submersion sont très fréquents dans notre port (90 noyés ont été transportés à la Morgue durant les deux dernières années : 45 en 1889 et 45 en 1888). Les hommes qui tombent à l'eau sont d'habitude assez rapidement repêchés, grâce aux engins de sauvetage dont on dispose; mais s'ils sont en état de mort apparente, personne n'intervient pour les ranimer et nombre de malheureux qui auraient pu être sauvés par la pratique de la respiration artificielle succombent parce qu'on ne fait rien pour les ranimer ou parce qu'ils sont soumis à des moyens de traitement inefficaces, quand ils ne sont pas nuisibles.

Nous avons parlé tout à l'heure des boîtes fumigatoires déposées par la Mairie chez quatre ou cinq pharmaciens des quais. Nous pouvons dire, sans crainte d'être démenti, que ces boîtes ne servent absolument à rien. La plupart n'ont jamais été ouvertes.

Quant au *poste de secours* pour les noyés que la Municipalité a fait construire, il y a quelques années, sur le quai des Chartrons, en face de la rue Latour, il n'est pas davantage utilisé. On n'y a jamais secouru aucun noyé. Ce poste est d'ailleurs dépourvu de tout moyen de secours et ne paraît avoir actuellement d'autre usage que de servir de logement à son gardien. Peut-être sera-t-il possible de mieux l'utiliser dans l'avenir, grâce à l'organisation de la Société des Ambulances urbaines.

Telle est la situation dans laquelle nous nous trouvons actuellement à Bordeaux, au point de vue des premiers secours à donner aux blessés et aux noyés. Il faut convenir qu'elle laisse singulièrement à désirer.

IV. *Fonctionnement des Ambulances urbaines; postes de secours; moyens de transport.* — Les Ambulances urbaines que nous nous proposons de fonder remédieront à ces nombreux inconvénients. Elles assureront aux blessés et aux noyés les secours les plus prompts et les plus complets, apportant à cet égard à la population bordelaise une sécurité et une garantie dont elle a été privée jusqu'à ce jour.

Il est évident que nous ne pourrons pas, dès la première année, doter la ville d'une organisation complète de secours en cas d'accidents, en créant des postes partout où le besoin s'en fait sentir. Ce serait là une tâche beaucoup trop lourde pour une Société naissante.

Notre programme est plus modeste. Nous voulons d'ailleurs agir avec une extrême prudence.

Nous allons commencer par créer un poste unique et, quand nous l'aurons fait fonctionner avec succès pendant six mois ou un an, nous pourrons, si nos ressources nous le permettent, en organiser un second, puis un troisième, en étendant ainsi de plus en plus notre rayon d'action.

Nous avons pensé que notre premier poste de secours devait être installé sur le quai de Bacalan, dans la partie comprise entre le Bassin à flot et le cours du Médoc. Nous avons choisi ce quartier pour les motifs suivants : d'abord, il est notoire que les accidents y sont plus nombreux que partout ailleurs, à cause du mouvement des quais et des docks, de l'agglomération sur ce point d'un certain nombre de grandes industries, qui occupent plusieurs milliers d'ouvriers (manufacture Vieillard, ateliers Dyle et Bacalan, huilerie Maurel et Prom et Maurel frères, verreries Cash, Mittchell, etc.); en second lieu, ce quartier est très éloigné de l'hôpital. Si un poste de secours doit rendre des services, c'est bien dans un pareil milieu et nous ne pensons pas que ce choix puisse faire l'objet d'aucune critique.

Nous installerons donc notre premier poste sur le quai de Bacalan. Pour cela, nous louerons un rez-de-chaussée, composé de quatre ou cinq pièces, que nous meublerons aussi modestement que possible et dans lequel nous déposerons les médicaments, appareils et objets de pansement les plus indispensables, ainsi qu'un matériel de transport comprenant deux brancards sur roues et quatre brancards à bras.

Dans ce poste, se tiendront en permanence pendant toute la durée du jour un étudiant en médecine et un infirmier. Les étudiants en médecine désignés pour faire ce service de garde seront choisis soit parmi les internes et externes des hôpitaux, soit parmi les élèves de quatrième ou de cinquième année. Ils devront d'ailleurs être agréés par le Comité médical, qui pourra leur faire subir un examen préalable. Huit étudiants, faisant à tour de rôle douze heures de garde chaque huitaine ou six heures tous les quatre jours, suffiront pour assurer le service de ce poste.

Un médecin, membre actif de la Société, sera en outre désigné chaque semaine pour visiter le poste, veiller à sa bonne tenue et prêter son concours, en cas de besoin, à l'étudiant de garde.

L'infirmier sera logé dans le poste, dont il sera en même temps le gardien.

Son rôle consistera à aider les médecins dans les pansements et à se transporter sur le lieu de l'accident avec le brancard sur roues, toutes les fois qu'il en sera requis. Il devra également, dans les cas graves, accompagner le blessé, après le pansement, soit à l'hôpital, soit à domicile. Les infirmiers seront choisis autant que possible parmi les infirmiers ou brancardiers militaires, libérés du service actif. Ils devront justifier de connaissances spéciales suffisantes en ce qui concerne les pansements et le transport des blessés. Une instruction leur sera d'ailleurs donnée à cet effet.

Les moyens de transport des blessés jouant un rôle considérable dans l'organisation des prompts secours en cas d'accidents, la Société s'appliquera à les multiplier le plus possible.

Indépendamment des brancards sur roues, placés dans les postes et qui ne devront sortir que sous la garde de l'infirmier, il sera déposé des brancards à bras chez un certain nombre de pharmaciens adhérents et sur de nombreux points de la voie publique, bien en vue (stations de tramways, postes de douanes, d'octroi et de police). Ces dépôts seront signalés au public par des plaques indicatives.

Il va sans dire que chaque poste ne pourra desservir qu'une zone urbaine déterminée et que le premier poste que nous allons créer à Bacalan ne pourra être utilisé par les habitants de Sainte-Croix ou de La Bastide. Il faudra donc chercher, dans la suite, à établir un nombre suffisant de postes pour qu'aucun quartier de la ville ne soit dépourvu de ces moyens de secours. Tout cela dépendra de la générosité de nos concitoyens. La création de ces postes multiples sera d'autant plus prompte que les ressources mises à notre disposition seront plus considérables.

Nous avons tracé le plan d'une organisation complète de secours en cas d'accidents pour toute la ville de

Bordeaux en nous inspirant du chiffre de la population agglomérée dans chaque quartier, de l'activité commerciale et industrielle et des conditions d'éloignement de l'hôpital Saint-André, qui constitue pour le moment le seul poste de secours où l'on est toujours sûr de trouver à toute heure du jour et de la nuit, un médecin ou un interne de garde pour donner les premiers soins.

D'après ces données, nous pensons qu'il suffirait de quatre postes, établis à des distances sensiblement égales sur la rive gauche des quais et d'un poste sur la rive droite, à La Bastide, pour assurer d'une manière très satisfaisante les premiers secours aux blessés et aux noyés de notre port. Les quatre postes de la rive gauche occuperaient les emplacements suivants : quai de Bacalan, quai des Chartrons, quai de Bourgogne, quai de Paludate. Le poste de La Bastide serait installé au quai de Queyries, dans les environs de la gare d'Orléans.

Chacun de ces postes pouvant desservir utilement une zone urbaine d'un kilomètre de rayon dans tous les sens, il s'ensuit que les premiers secours seraient de la sorte assurés sur toute la ligne des quais et dans tous les quartiers avoisinants. La Bastide aurait le poste du quai de Queyries; Bacalan, le poste du quai de Bacalan; les Chartrons, le poste du quai des Chartrons; Saint-Pierre et Saint-Michel, le poste du quai de Bourgogne; Sainte-Croix et Paludate, le poste du quai de Paludate.

Si l'on considère, d'autre part, que l'hôpital Saint-André constitue un poste central, dont le rayon d'action peut s'étendre aux quartiers Sainte-Eulalie, Saint-Éloi, Saint-André, Saint-Paul et Saint-Bruno, on reconnaîtra que l'organisation des prompts secours sur les bases indiquées ci-dessus, répondrait à peu près à tous les besoins. Il ne resterait plus qu'à établir un dernier poste dans le quartier Saint-Nicolas. L'hôpital des Enfants pourrait très bien être utilisé dans ce but.

Cette organisation, telle que nous la comprenons, n'entraînerait pas, comme on pourrait le craindre, des dépenses bien considérables. On verra tout à l'heure que la dépense annuelle pour l'entretien d'un poste est d'environ 5,000 francs. Cinq postes, à 5,000 francs l'un, coûteraient donc 25,000 francs. Cette somme est-elle hors de proportion avec les services que la nouvelle institution est appelée à rendre à la population bordelaise? Nous ne le pensons pas.

D'après ce qui se passe actuellement pour les noyés, d'après les résultats obtenus ailleurs, nous avons la certitude que nous sauverons chaque année un certain nombre de ces malheureux, en leur prodiguant des soins intelligents immédiats. Quant au nombre des blessés qui auront recours à notre intervention et que nous pourrons secourir utilement, il sera beaucoup plus considérable qu'on ne le suppose.

A Budapest, ville deux fois plus peuplée que Bordeaux, un poste de secours unique a reçu pendant la première année de son existence plus de 4,000 blessés ou malades atteints d'indispositions subites. En admettant que chacun de nos postes ne reçoive que *trois fois moins* de blessés ou de malades (ce qui est un minimum), nous aurons encore un total respectable de 1,000 personnes secourues annuellement dans chaque poste, soit 5,000 personnes par an pour les cinq postes.

25,000 francs pour secourir efficacement 5,000 personnes et pour en arracher à la mort un certain nombre, est-ce donc une dépense exagérée?

V. *Examen comparatif du fonctionnement des diverses Sociétés de secours en cas d'accidents; système parisien; système bordelais.* — On remarquera que, jusqu'à présent, aucune Société de secours en cas d'accidents n'a pu rendre une pareille somme de services avec une aussi faible dépense.

Cela tient à ce que la plupart de ces Sociétés se sont installées de prime abord sur un grand pied, en voulant assurer le transport des malades et blessés au moyen de voitures d'ambulances plus ou moins luxueuses. Or, ces voitures coûtent cher (plus de 3,000 francs pièce) et

entraînent des frais considérables, tels que : achat et
nourriture des chevaux, appointements des cochers et
palefreniers, location d'écuries et de remises, réparations
diverses, achat et entretien des harnais, etc., etc. C'est
ainsi que le service du transport des blessés absorbe la
plus grande partie des ressources de ces Sociétés.

La Société de Vienne, par exemple, qui ne possède
actuellement qu'un poste central de secours, dispose de
vingt-cinq voitures de différents types. Aussi ses dépenses
annuelles se chiffrent par une somme de 150,000 francs,
toutes sections comprises.

La Société de Budapest, qui n'a, elle aussi, qu'un
poste central unique, mais qui possède quatre voitures
et quatre chevaux, dépense chaque année pour l'entretien de ce poste une somme de 35,000 francs environ,
dont près de la moitié lui est fournie par une subvention
de la Municipalité.

Enfin, la Société des Ambulances urbaines de Paris
dépense annuellement pour son poste unique de l'hôpital
Saint-Louis environ 30,000 francs. Ces frais compren-
nent les appointements de deux externes et de deux
cochers, la nourriture de deux chevaux, le loyer, les
appointements d'un secrétaire et d'un téléphoniste, les
frais de bureau, de voiture, de correspondance, etc.
Dans ces dépenses ne figurent pas les frais d'entretien
du réseau téléphonique spécial que la Société a fait
installer à ses frais et dont remise lui a été faite pour
trois ans.

Les frais de premier établissement du poste de l'hôpital Saint-Louis ont été considérables. L'installation du
réseau téléphonique qui relie ce poste à un certain
nombre de pharmacies et de postes de police, dans le
périmètre desservi, a coûté 19,764 francs; les appareils
téléphoniques ont coûté 1,670 francs; les deux voitures
d'ambulance, 6,350 francs; l'aménagement d'un pavillon
pour le logement des cochers et des chevaux a coûté
4,000 francs, ce qui fait un total d'environ 32,000 francs
pour les frais de premier établissement.

On voit que l'organisation des ambulances urbaines, créées à Paris par le Dr Nachtel, et qui ne desservent encore qu'un cinquième environ de la superficie de la capitale, a été faite à grands frais. D'après le compte rendu que nous avons eu sous les yeux, il a été dépensé près de 100,000 francs en moins de deux ans pour ce poste de l'hôpital Saint-Louis.

Nous n'avons pas l'intention d'entrer dans cette voie de dépenses excessives, qui rendraient absolument impossible l'organisation des premiers secours dans les villes de province, et nous pensons obtenir des résultats tout aussi bons, sinon meilleurs, en dépensant une somme beaucoup moindre.

À Paris, dès qu'un accident d'une certaine gravité se produit dans le périmètre de l'ambulance de l'hôpital Saint-Louis, on porte le blessé ou le malade, soit dans une pharmacie, soit dans un poste de police, et immédiatement l'ambulance est avertie par le téléphone.

La voiture, munie d'un brancard mobile, part aussitôt avec l'externe de garde et arrive dans un espace de temps très court après l'avertissement. L'externe établit le diagnostic et donne les premiers soins. Le blessé est ensuite placé sur le brancard, introduit dans la voiture et conduit, soit à son domicile, soit à l'hôpital.

Dans le système que nous proposons, nous remplaçons les voitures et les chevaux, qui entraînent des frais trop considérables, par des brancards sur roues caoutchoutées conduits à main d'homme et par le dépôt d'un grand nombre de brancards à bras placés à des endroits très apparents sur les différents points de la ville.

Cette économie de voitures et de chevaux, que nous réalisons ainsi, nous permettra de multiplier les postes d'ambulances et d'en installer un dans chaque quartier populeux.

En multipliant les postes, nous supprimons les distances et nous mettons partout les premiers secours à la portée du public, sans qu'il soit besoin de voitures et d'installation téléphonique.

Nous prétendons même que les malades et blessés seront aussi rapidement secourus que dans le système parisien.

En effet, avec ce système, quand un accident se produit, il faut d'abord transporter le blessé dans une pharmacie ou dans un poste de police. Comment s'effectue ce transport? c'est ce qu'on ne nous dit pas; mais nous savons qu'il faut d'abord aller chercher un brancard au poste de police, d'où une première perte de temps. Une fois au poste de police ou à la pharmacie, il faut faire jouer le téléphone et attendre l'arrivée de la voiture d'ambulance, ce qui demande encore un certain temps.

Dans notre système, on trouvera partout à proximité des brancards à bras; on y placera aussitôt le blessé et, sans aucune perte de temps, on le transportera au poste de secours, qui ne sera jamais éloigné de plus d'un kilomètre. Une fois le pansement fait, il importe peu que le blessé soit transporté avec un peu plus de lenteur à l'hôpital ou à son domicile. Ce transport sera d'ailleurs effectué dans d'excellentes conditions, à l'aide d'un brancard à roues parfaitement suspendu et couvert, conduit par deux hommes.

Nous ne voyons pas en quoi le transport par voitures serait préférable.

Les voitures n'ont leur raison d'être que lorsqu'on a de grandes distances à parcourir, mais ici ce ne sera pas le cas.

Si la Société se décidait plus tard à acheter une voiture, elle ne serait utilisée que pour transporter les blessés habitant à de grandes distances, mais seulement après qu'ils auraient reçu les premiers soins dans les postes.

VI. *Dépenses.* — Nous avons dit que nous ne voulions créer, pour le moment, qu'un poste unique dans le quartier de Bacalan. Voyons donc ce que coûtera ce premier poste en frais de premier établissement et en dépenses annuelles d'entretien et de fonctionnement.

Nous pensons que les frais de premier établissement ne dépasseront pas 5,000 francs, savoir :

Aménagement d'un local pris en location ; achat d'un mobilier pour une cuisine, une chambre à coucher pour l'infirmier, une salle de pansements, une chambre pour l'étudiant de garde, un magasin pour le matériel................F. 2,000
Achat du matériel, comprenant :
    Deux brancards sur roues, à 350 francs l'un.... 700
    Quatre brancards à bras.................... 100
Médicaments, appareils et objets de pansement..... 1,200
Achat de vingt brancards à bras pour l'extérieur.... 500
Dépenses imprévues......................... 500

Total...........F. 5,000

Les frais annuels pour assurer le fonctionnement de ce poste seront approximativement les suivants :

Loyer et impôts.............................F. 1,000
Appointements des étudiants de garde............ 2,000
Appointements de l'infirmier.................. 1,000
Chauffage, médicaments, frais imprévus.......... 1,000

Total...........F. 5,000

Ainsi donc, avec une somme de 10,000 francs, nous pourrons faire face aux frais d'établissement d'un premier poste et le faire fonctionner pendant un an.

C'est à cela que se borne, pour le moment, notre ambition.

Nous espérons que cette somme nous sera assez rapidement offerte et qu'il nous sera possible d'ouvrir notre premier poste dans le courant de l'été. Que chacun se hâte donc de nous envoyer son adhésion, soit en qualité de membre fondateur, soit en qualité de membre titulaire, car nous avons besoin dès à présent de connaître approximativement la somme sur laquelle nous pouvons compter.

VII. *Conférences et cours publics.* — Il nous reste un

mot à dire des conférences et leçons dont il est question à l'article 1er de nos Statuts;

Nous attachons une grande importance à la vulgarisation dans le public de notions simples et pratiques sur les premiers soins à donner en cas d'accidents ou d'indispositions subites. Pour atteindre ce but, la Société organisera chaque année un certain nombre de conférences et de leçons publiques suivies d'exercices pratiques. Ces conférences seront faites par des médecins membres actifs désignés à cet effet.

L'utilité d'un pareil enseignement ne saurait être mise en doute. Il est en effet de nombreux cas où des secours absolument *immédiats* sont nécessaires, par exemple dans les hémorragies artérielles et pour les noyés en état de mort apparente; il n'y aura jamais assez de postes pour parer à toutes les éventualités; donc, plus il y aura de personnes aptes à donner ces premiers soins, mieux cela vaudra.

Nous avons montré, dans notre Rapport sur l'organisation des secours publics en Allemagne et en Autriche-Hongrie (1), l'importance donnée à cet enseignement par la *Société samaritaine allemande* et les heureux résultats qui ont été obtenus grâce à l'instruction samaritaine d'un certain nombre d'agents de police, de pompiers, d'instituteurs, de contremaîtres de fabriques, etc., etc. Rappelons qu'il y a actuellement à Berlin 500 hommes de police aptes à donner les premiers soins en cas d'accidents.

En Angleterre, la *St. Johns Ambulance Association* a déjà instruit dans ce but plus de 100,000 personnes, parmi lesquelles 1,000 agents de police de la ville de Londres.

En Amérique, plusieurs compagnies de chemin de fer ont institué des cours d'enseignement samaritain pour tous leurs employés.

---

(1) *L'organisation des secours publics en cas d'accidents en Allemagne et en Autriche-Hongrie*, par le Dr E. Mauriac. Brochure in-8°. Bordeaux, 1890. Feret et fils, éditeurs. Prix : 1 fr. 50.

Les pays scandinaves et la Suisse ont suivi l'exemple de l'Association samaritaine allemande.

En France, les Sociétés de la Croix-Rouge, de l'Union des femmes de France, des Dames françaises font des efforts louables pour instruire le public sur les soins à donner aux blessés, mais ces efforts n'ont pas été suffisamment généralisés et les résultats obtenus laissent encore beaucoup à désirer.

Un certain nombre d'autres associations privées ont organisé des cours pour former des gardes-malades et des infirmières.

C'est ainsi que dans notre ville même, la *Maison de Santé protestante* a institué depuis quelques années une série de cours, faits par ses médecins, sous la direction de M. le professeur Demons, pour apprendre les soins à donner aux malades, soit aux mères de famille, soit aux personnes désirant faire leur profession de l'état de garde-malade. Ces cours sont régulièrement suivis par une trentaine d'auditrices. Ils sont professés par MM. les docteurs Demons, Monod, Denucé fils, W. Dubreuilh, Moussous fils et Peïron. Un certain nombre d'auditrices ont déjà passé avec succès un examen leur conférant le titre d'*ambulancières*.

A Paris, les remarquables Écoles d'infirmières créées par le Conseil municipal et l'administration de l'Assistance publique, sous l'intelligente initiative du Dr Bourneville, sont en pleine prospérité et rendent les plus signalés services.

Les cours que nous nous proposons d'organiser n'auront pas pour objet de dresser des gardes-malades et des infirmières. Ils viseront exclusivement les premiers soins à donner aux blessés, aux noyés et aux personnes atteintes d'indispositions subites. Un cours spécial sera institué pour MM. les Pharmaciens adhérents. Il y aura aussi un cours spécial pour les dames. Nous organiserons, en outre, une série de conférences pour les agents de police et autres que les Administrations publiques voudront bien nous désigner.

Il y a un très grand intérêt à ce que les agents de police soient instruits sur les premiers soins en cas d'accidents; cette instruction leur est donnée dans la plupart des grandes villes d'Europe et à Paris même on a fini par en comprendre la nécessité.

C'est ainsi que pendant l'année 1887 (Dr Jacques Bertillon, *Statistique municipale*), sur 921 personnes secourues dans les postes de police, les gardiens de la paix ont donné eux-mêmes les soins nécessaires 278 fois le jour et 230 fois la nuit.

De plus, en ce qui concerne les noyés, 313 personnes ont été secourues par la police dans les pavillons de secours établis sur les berges de la Seine. Sur ce nombre, 15 personnes seulement n'ont pu être rappelées à la vie.

Nous en avons dit assez pour démontrer l'utilité de l'enseignement que nous nous proposons d'organiser et nous espérons que l'administration municipale et le public sauront en tirer profit.

Tel est l'exposé de l'organisation et du fonctionnement de la Société que nous fondons aujourd'hui.

Une pareille œuvre ne mérite-t-elle pas d'être prise à cœur par tous les philanthropes bordelais?

Sans doute, il s'est créé beaucoup d'œuvres nouvelles dans notre ville depuis quelques années et, parmi ces œuvres, il en est qui ont une très grande utilité; mais est-ce à dire qu'il ne reste plus rien à faire dans le vaste champ de l'assistance et de la philanthropie? Ce serait vouloir nier le progrès. Or, le progrès est la loi du développement de toute société civilisée.

Nous espérons que le public bordelais comprendra l'utilité de notre œuvre et nous fournira des subsides suffisants pour la faire vivre et grandir. Nous comptons aussi sur le concours actif de la presse, du Conseil municipal, du Conseil général, de la Chambre de commerce, des Associations syndicales, des Compagnies maritimes et de chemins de fer, des chefs de fabriques et d'ateliers, et de toutes les personnes qui ont des ouvriers à leur service.

Nous avons déjà fait appel au dévouement du Corps médical, de MM. les Pharmaciens, des élèves de nos hôpitaux, et nous sommes heureux de pouvoir déclarer que notre appel a été entendu.

———

Pour faire partie de la Société, il suffit d'en faire la demande en adressant au Secrétaire général le *Bulletin d'adhésion* ci-contre :

La Société se compose : 1° de Membres fondateurs; 2° de Membres titulaires; 3° de Membres actifs.

Les Membres fondateurs versent la première année une somme de cent francs et paient les années suivantes une cotisation de quarante francs.

Les Membres titulaires paient une cotisation annuelle de vingt francs.

Les Membres actifs, *recrutés exclusivement parmi les médecins et les pharmaciens,* ne paient pas de cotisation, mais ils s'engagent à prêter gratuitement leur concours dans les conditions spécifiées à l'article 7 des statuts.

Les Dames peuvent faire partie de la Société.

Le titre de *Bienfaiteur* est décerné à tout Membre de la Société qui verse en une seule fois une somme de 1,000 fr.

Le titre de *Donateur* est décerné à tout Membre qui verse en une seule fois une somme de 500 fr.

Les noms des Bienfaiteurs et des Donateurs seront gravés sur des plaques de marbre, placées à l'intérieur de chaque poste de secours.

Les Bienfaiteurs et les Donateurs sont de droit Membres fondateurs de la Société, mais ils n'ont pas à payer la cotisation annuelle afférente à ce titre.

SOCIÉTÉ DES AMBULANCES URBAINES

DE BORDEAUX

BULLETIN D'ADHÉSION

à détacher et à adresser à M. le Docteur E. MAURIAC,
Secrétaire général,

Rue du Palais-Gallien, 16, à Bordeaux

Je soussigné ....

Profession : ....

Adresse : ....

déclare adhérer aux Statuts de la Société des Ambulances urbaines de Bordeaux, et m'inscrire en qualité de :

Bienfaiteur (¹).

Donateur (²).

Membre fondateur (³).

Membre titulaire (⁴).

Membre actif (⁵).

Rayer les titres pour lesquels on ne s'inscrit pas.

Date :   Signature :

(1) Versement d'une somme de 1.000 francs.
(2) Versement d'une somme de 500 francs.
(3) Versement de 100 francs la première année, et cotisation de 40 francs les années suivantes.
(4) Cotisation annuelle de 20 francs.
(5) Pas de cotisation. — Les Médecins et les Pharmaciens peuvent seuls être membres actifs.

Société des Ambulances urbaines de Bordeaux

COMITÉ DE PATRONAGE

MM.

BAOUR (ABEL), négociant-armateur, membre de la Chambre de commerce.
BAYSSELLANCE (ADRIEN), ingénieur des constructions navales en retraite, maire de Bordeaux.
BELLIER (ARSÈNE), imprimeur.
BRANDENBURG (JOSEPH), négociant, juge au Tribunal de commerce.
BUHAN (EUGÈNE), négociant.
BOURGÈS (ARTHUR), négociant, membre de la Chambre de commerce.
COUZINET, secrétaire général de la Préfecture de la Gironde.
FAURE (FERNAND), ancien député, professeur à la Faculté de droit.
GRADIS (HENRI), négoc.-armateur, membre de la Chambre de commerce.
JOURNU (AUGUSTE), négociant.
JUCLIER (J.), ingénieur des constructions navales.
KAPPELHOFF (F.), négociant.
LAROQUE, entrepreneur de peinture, adjoint au maire.
LAWSON (JOHN), direct. de la Cie des tramways et omnibus de Bordeaux.
MAGNE (PAUL), négociant, juge au Tribunal de commerce.
MAUREL FRÈRES, négociants-armateurs.
MAUREL (ÉMILE), négociant-armateur.
PIGANEAU (GUSTAVE), banquier.
PROM (HUBERT), négociant-armateur, présid. de la Chambre de commerce.
RODBERG, directeur de la Compagnie du gaz de Bordeaux.
RÖDEL (ALBERT), négociant.
SEGRESTAA (MAURICE), négociant-armateur, président du Tribunal de commerce.
SURSOL (E.), correspondant des Chemins de fer d'Orléans et du Midi.
TANDONNET (MAURICE), négoc.-armateur, juge au Tribunal de commerce.
VIAL (A. DE), agent général de la Compagnie transatlantique.
VIEILLARD (ALBERT), manufacturier.
WORMS, JOSSE et Cie, négociants-armateurs.

Bordeaux. — Imp. G. Gounouilhou, rue Guiraude, 11.

34